AF283524

Ángela Eugenio Suárez

APULEYO EDICIONES   FOMENTO DE VALORES   CUENTOS ILUSTRADOS

El deseo de Cuca, una gallina diferente

APULEYO EDICIONES   FOMENTO DE VALORES   CUENTOS ILUSTRADOS

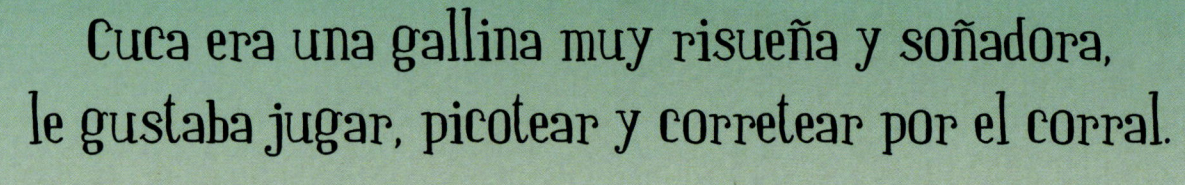

Cuca era una gallina muy risueña y soñadora,
le gustaba jugar, picotear y corretear por el corral.

Cada día se hacía más grande y cuando veía a los pájaros volar, sentía un inmenso deseo por hacer lo mismo. Se prometía que algún día ella sería una más. Quería sentir esa sensación de volar, la brisa, el aire y, sobre todo, sentirse libre.

Ella se veía capaz y no dudaba de ello.
«Algún día lo conseguiré», pensaba constantemente.
Sus amigas gallinas iban engordando más y más, se pasaban el
día poniendo huevos, pero ella
sabía que no había nacido
en este mundo para eso.
Su misión era otra y así
se puso manos a la obra.

Buscó un lugar limpio y sin obstáculos, cogió carrerilla,
era la primera vez que lo intentaba, y con todas sus fuerzas...
¿Qué creéis?

Fracasó y no solo se llevó un buen golpe en el pico,
sino que sus amigas se rieron de ella.

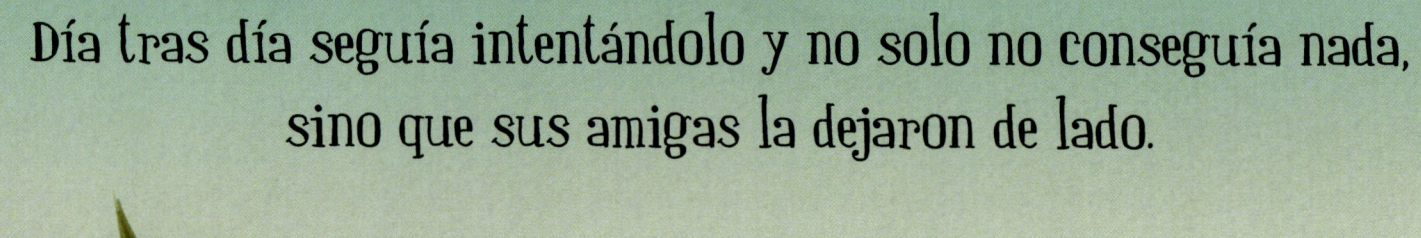

Día tras día seguía intentándolo y no solo no conseguía nada,
sino que sus amigas la dejaron de lado.

Cuca se sentía sola, triste y frustrada. Hasta que un día decidió dejarlo, se rindió y decidió creerse lo que le decían sus amigas. «Jamás podrás volar». «Eres una gallina». «¿Qué te crees un águila?».

Al fin y al cabo, llevaban razón.
Pero una de sus amigas la vio y quiso ayudarla.

«Ven conmigo, Cuca». La llevó al charco de agua que tenían en el corral y le dijo: «Cuca, ¿qué ves ahí?». Ella le contestó: «Veo a una gallina triste y desolada». A lo que su amiga Pipa le respondió: «¿Sabes qué veo yo? A la única que ha confiado en ti desde el primer momento. ¿Y la vas a defraudar?».

En el fondo, Cuca sabía que llevaba razón;
ella sentía que era capaz y lo estaba poniendo en
duda gracias a las risas y burlas de las demás.

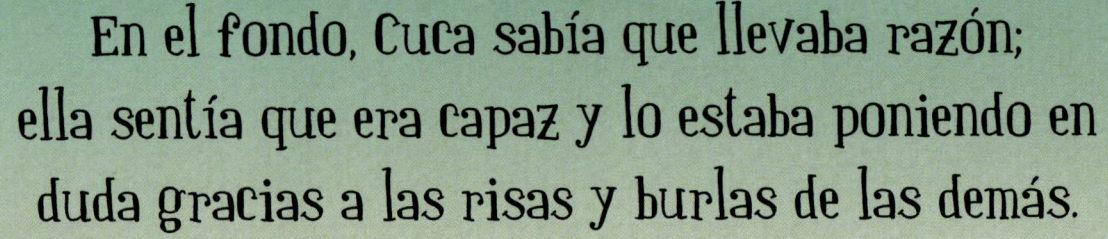

Se armó de valor y comenzó a hacerlo con más fuerza,
deseo y confianza que nunca.

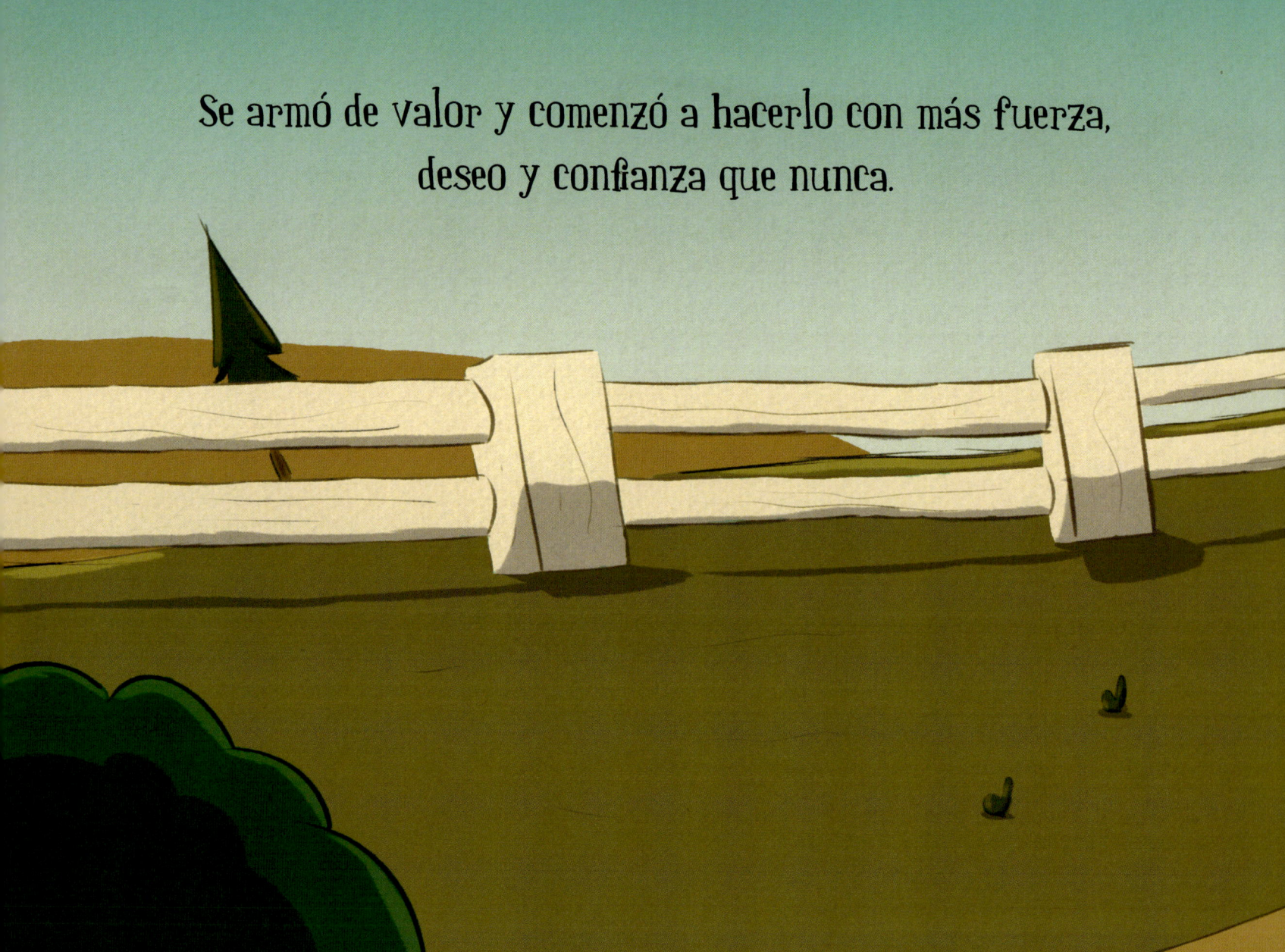

De repente, Cuca sintió sus patas libres del suelo, notó el olor
y una brisa que jamás había sentido. ¡Estaba volando!
Cuca no podía creerlo, rebosaba de felicidad.
Cada día visitaba a sus amigas en el corral,
pero Cuca ya nunca más dejó de volar.

© Ángela Eugenio Suárez (de la obra)
©Apuleyo Ediciones (de esta edición)
Primera edición en Apuleyo Ediciones: agosto 2024
Diseño de cubierta: Sofía Corzo González
Corrección: Aitor Andreu Guerrero
Maquetación: Domingo Carrasco Martín
Ilustraciones: Ignacio Zabaleta
Coordinación editorial: Isidoro Cidre González
info@apuleyoediciones.com
www.apuleyoediciones.com
ISBN: 978-84-1060-241-0
Depósito legal: H 240-2024

Hecho e impreso en España.

El deseo de Cuca, una gallina diferente

APULEYO EDICIONES   FOMENTO DE VALORES   CUENTOS ILUSTRADOS

Ángela Eugenio Suárez

APULEYO EDICIONES   FOMENTO DE VALORES   CUENTOS ILUSTRADOS